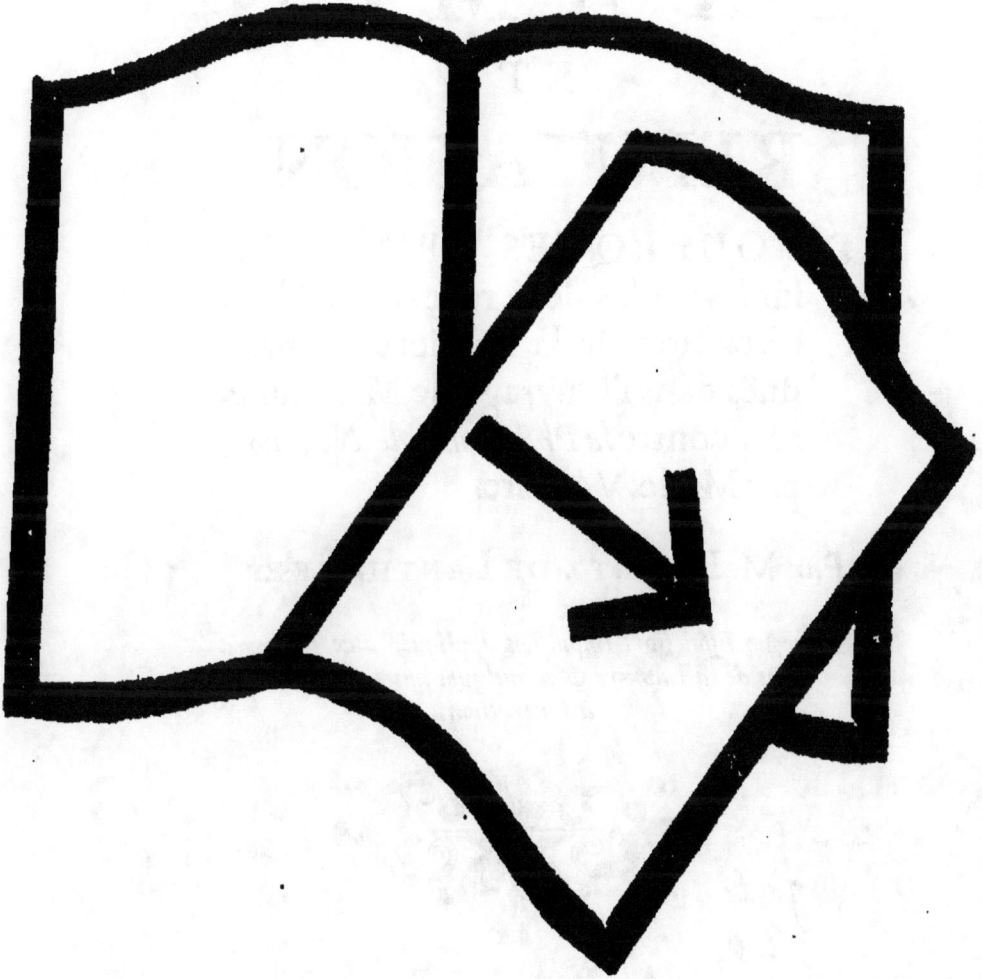

Couvertures supérieure et inférieure

EXAMEN

ET

REFUTATION

DE QUELQUES OPINIONS,

sur les causes de la réflexion & de la
réfraction de la Lumiere , répan-
duës dans l'Ouvrage de M. Bannieres , contre *la Philosophie de Nevvton*,
par M. de Voltaire.

Par M. Le Ratz de Lanthene'e.

*Avec un Essai sur l'Impulsion appliquée aux Phénome-
nes de la Lumiere & à quelques autres attribués
à l'attraction.*

A PARIS,

Chez Chaubert , à l'entrée du Quai des
Augustins , du côté du Pont Saint Michel ,
à la Renommée & à la Prudence.

M. D C C. XXXIX.

Avec Approbation & Privilege.

EXAMEN

ET

REFUTATION

DE QUELQUES OPINIONS,
fur les caufes de la réflexion & de
la réfraction de la lumiere, ré-
pandües dans l'Ouvrage de M. Bannieres , contre *la Philofophie de Newton* , par M. de Voltaire.

JE me propofe dans cet Ecrit d'é-
xaminer, fi les idées nouvelles,
fur la réflexion & la réfraction de
la lumiere , que M. Bannieres a ré-
pandües dans fon Ouvrage contre le Livre
de M. de Voltaire font juftes. Il a recours
à une athmofphere, dont il fuppofe tous

A

les corps enveloppés , & c'eft ce qui produit , felon lui , la réflexion & la réfraction. Je vais expofer les incompatibilités , que je crois voir dans fon fyftême , avec ce que l'expérience nous donne évidemment pour vrai.

Le P. Fabri , dit M. Bannieres, M. Newton & le P. Malebranche * ont reconnu & tous les Phyficiens reconnoiffent aujourd'hui, que ce ne font pas les parties folides & groffieres des corps qui réflechiffent la lumiére. La raifon, dit-il , en eft très-fimple. Car fi ces parties groffieres la réflechiffoient , elle ne fe réflechiroit pas régulierement & conftamment fous un angle égal à l'angle d'incidence lorfqu'elle donne obliquement fur un miroir plan ; * puifque ce miroir qui nous paroît , à la fimple vûë , d'un poli parfait , eft au contraire une furface très-inégale , fillonée, remplie de monticules & d'inégalités, incapable, par conféquent, de réflechir la lumiére d'une maniere conftante & réguliere.

Ce raifonnement prouve inconteftablement que la lumiére n'eft pas réflechie des parties folides des corps. Il eft auffi démontré qu'elle n'eft pas réflechie du vuide ; cependant l'experience fait voir qu'elle fe réflechit régulierement de certains corps, qui, quoi qu'unis en apparence, font en ef-

* Préface pag. 10.

* Chap. 2. pag. 60.

fet très-raboteux. Quelle eſt donc la cauſe de cette réflexion conſtante ?

M. Bannieres nous aſſigne cette cauſe dans une athmoſphere, dans un fluide compoſé des particules d'une lumiére qui pénétre tous les corps , qui leur eſt une eſpéce de vernis, & qui leur ſert, en quelque ſorte, d'enveloppe. C'eſt cette athmoſphere , dit-il , ce fluide lumineux , qui ſe trouve engagé entre les parties des mixtes qui réflechit la lumiére. Mais on n'apperçoit pas trop qu'un fluide, dont les parties ſont extrêmement déliées, puiſſe ſervir de vernis à un corps, & ne prenne point exactement ſa figure extérieure ; or s'il en prend la figure, qu'il s'y ajuſte , qu'il y ſoit adherent , & qu'il le touche exactement , ce corps ne doit pas être moins raboteux, moins ſillonné avec ſon athmoſphere, que ſans elle. Ainſi le raiſonnement de M. Bannieres , pour prouver que les parties ſolides & groſſieres des corps ne réflechiſſent pas la lumiére, ſubſiſte dans ſon entier à l'égard des corps revêtus de leur athmoſphere ; puiſque dans l'un & l'autre cas ces corps ſont également raboteux , & par conſéquent également incapables d'une réflexion réguliere & conſtante.

Il en eſt de ces corps revêtus de leur athmoſphere, à peu près comme d'une toile ſur laquelle un Peintre applique une couche de

couleur extrêmement légere : cette couleur,
dont les parties néanmoins font infiniment
moins deliées que celles de l'athmofphere en
queftion , ne rend pas la toile plus unie ; y
étant appliquée également, elle en laiffe appercevoir les fils, au moins leur figure &
leur groffeur. Dites-en autant d'un corps quelconque,& de fon athmofphere. Il paroît donc
que la fuppofition de cette athmofphere ne
rend pas raifon du plus fimple phénomene
de la Lumiere , qui eft fa réflexion.

    Cependant M. Bannieres, pour faire con-
cevoir comment cette athmofphere fe forme,
* Pag. 63. & exifte à l'entour des corps,dit*,que les parties de l'air ne pouvant pas s'ajufter avec
les parties de lumiere qui font engagées
entre les parties des corps, laiffent un petit
efpace tout autour de ces corps ; que la lumiére extérieure qui fe joue dans les airs
remplit cet efpace, & forme par ce moyen
l'athmofphere , le vernis, ou l'enveloppe
dont il s'agit. Remarquez qu'il donne ici à la
lumiere une forte d'antipathie pour l'air, ou
à l'air pour la lumiere.

    J'avouë que cette répugnance , ou cette
impoffibilité , que les parties d'air éprouvent
pour s'ajufter avec les parties de lumiére , eft
incompréhenfible pour moi. Convenir que
la lumiére flotte dans l'air, s'y joue, & dire
en même-tems que cet air fe retire des corps,

céde fa place à la lumiére, & que cette lumiére remplit cette place, n'eſt-ce pas dire
que la lumiére eſt tantôt dans l'air & tantôt
n'y eſt plus ?

Cet air change-t'il de nature pour être con-
tigu aux corps? Eſt-il différent de ce qu'il
eſt dans toutes les autres parties de la nature?
Non fans doute. Pourquoi donc ſe retire-
t'il à l'approche de la lumiere qui environne les corps, tandis que dans le reſte de l'U-
nivers il n'éprouve rien de ſemblable, &
qu'au contraire la lumiere & lui y ſont en
bonne intelligence, y ſont répandus en même-tems ? D'où vient cette horreur ſubite
qu'ont ces deux fluides l'un pour l'autre, lorſqu'ils ſont au voiſinage des corps? Je le répet-
te : cette complaiſance que l'air a de céder ſa
place à la lumiére eſt incompréhenſible pour
moi, & je ne penſe pas que perſonne s'en
forme une idée bien juſte ; d'autant plus que
dans le ſyſtême de M. Deſcartes le *vehiculum
luminis* eſt globuleux, que les parties de la
lumiere ſont ſpheriques, & que par conſéquent elles laiſſent entr'elles des interſtices, ou des vuides, que l'air remplit néceſ-
fairement, n'ayant ni incompatibilité, ni antipathie pour eux, comme le veut M. Bannieres. Cependant pour ſe rendre plus intel-
ligible, il ſe ſert de cette comparaiſon.

Un linge, dit-il *, imbibé d'eau ne ſe * Page 64.

A iij

charge point de parties d'huile, quoiqu'on l'y plonge; au contraire il emporte une grande quantité d'eau quand on le plonge dans ce liquide. Cette comparaison ne me paroît point du tout juste.

D'abord l'Auteur suppose ce linge imbibé d'eau, & par comparaison les corps pénétrés de parties de lumiere; ce qu'il n'auroit pas dû faire : il auroit dû considerer le linge sec, & les corps dépoüillés de parties de lumiere & d'air. Le linge dans ce cas prendroit de l'eau, ou de l'huile indifferemment; & les corps prendroient aussi des parties de lumiere & d'air indifferemment. D'ailleurs, s'il avoit consideré l'huile & l'eau sur le pied de l'air & de la lumiere, les parties de ceux-ci étant extrêmement divisées, & par conséquent mélangées & confondües les unes dans les autres, il auroit apperçu que si les parties d'huile & d'eau étoient de même divisées, mélangées, le linge prendroit de ces deux liquides en même-tems, & par comparaison, les corps se chargeroient tout à la fois, comme ils le font effectivement, de parties d'air & de lumiére. Donc ce jeu entre l'air & la lumiere pour se céder leur place n'existe point. Voyons cependant si les preuves qu'il employe en faveur de l'existence de cette athmosphere sont de quelque solidité.

* Préface pag. 46. Qu'un vaisseau, dit-il *, vogue à plei-

nes voiles., & que du haut du grand mât on abandonne une pierre à elle-même; il eſt d'expérience, que cette pierre tombe au pied du mât. Ce fait certain & conſtant ne prouve-t'il pas invinciblement, que le vaiſ-feau eſt environné d'une athmoſphere qui oblige la pierre de ſuivre le mouvement du vaiſſeau, quoiqu'elle n'y tienne en aucune maniere viſible ? Cette athmoſphere n'eſt pas fenſible, même quant à ſes effets, aux yeux de ceux qui ſont dans le vaiſſeau; la pierre leur paroît tomber par une ligne paralléle au mât; mais elle eſt très-fenſible pour ceux qui ſont ſur le rivage, leſquels voyent tomber cette pierre par une ligne courbe, bien diffe-rente de la ligne circulaire.

La pierre dont il s'agit dans ce raiſonne-ment, tombe ou ne tombe pas paralléle-ment au mât: ſi c'eſt le premier cas, ſon mouvement paralléle doit être apperçu de ceux qui ſont ſur le rivage, comme de ceux qui ſont dans le vaiſſeau : ſi au contraire elle décrit une courbe en tombant, pourquoi ceux du vaiſſeau ne voyent-ils pas cette courbe comme ceux du rivage ? Ils le doi-vent aſſûrément; car quoique je ſois, par exemple, dans une riviere, cela n'empêche pas que je ne voye le véritable mouvement d'une pierre qui tend vers le fond, com-me celui qui eſt ſur le bord de cette riviere.

D'ailleurs ce n'est pas l'éloignement, c'est-à-dire, le plus, ou le moins de distance dont la chûte de cette pierre est apperçuë, qui occasionne les differentes façons dont on la voit tomber. Ainsi on pourroit d'abord douter du fait. (*a*)

Mais supposons-le pour un instant comme on nous le rapporte : Est-il nécessaire d'imaginer une athmosphere, & une athmosphere composée de particules de lumiere (car notre Auteur ne suppose l'une que pour donner crédit à l'autre) pour expliquer un fait que le seul mouvement du vaisseau & la compression de l'air qui l'environne, peuvent éclaircir. En effet ce vaisseau , qui vogue avec rapidité , fend l'air avec violence, le comprime & l'agite fortement de tous côtés : cet air, dont le vaisseau occuppe à chaque instant la place, cherche aussi à chaque instant à se replacer, à reprendre sa premiere situation; & cela avec une force, une vitesse, une élasticité proportionnée, ou égale à la compression, à la force, à la vitesse que le vaisseau lui a imprimée par son mouvement. Que l'on joigne à cela les vents qui se joüent dans les voiles qui les frappent avec violence, qui en sont repoussés avec force; on sentira, que sans recourir à des causes incon-

(*a*)NOTA Que je ne prétens point entrer dans la discussion de la ligne que décrit cette pierre en tombant , & que mon doute ne tombe que sur ce qu'on la voit tomber par deux lignes si opposées.

nûës, le feul mouvement du vaiffeau, le ref-
fort de l'air, & le refte, fuffifent pour concevoir qu'il fe forme autour de ce vaiffeau
un tourbillon d'air agité, capable d'entrete-
nir la pierre dont il s'agit, dans un mouvement prefque paralléle au mât: car ce tourbillon d'air agité, qui enveloppe cette pierre,
étant inconteftablement plus denfe que la
prétendüe athmofphere de M. Bannieres,
dont les parties fluides font infiniment déliées, eft auffi plus puiffant pour détourner
dans fa route la détermination que l'impulfion a imprimée à cette pierre, qui eft com-
primée de toutes parts par le tourbillon d'air.
Pourquoi avoir recours à des caufes incon-
nuës, tandis qu'on en a qui exiftent & qui fe
préfentent d'elles-mêmes? Eft-ce qu'un Car-
téfien admet jamais rien, qu'il n'en ait une
idée claire & diftinéte?

Mais quand cette athmofphere exifteroit,
s'enfuivroit-il que c'eft une athmofphere
compofée de particules de lumiere, comme le veut M. Bannieres? Non; car, felon
cet Auteur, * les molécules d'air laiffent un *Pag. 63.
petit efpace tout autour des corps, & la lu- 64.
miere qui fe joüe dans les airs remplit cet
efpace, qui, étant petit, fait que l'athmofphere eft par conféquent mince, & de peu
d'épaiffeur: cependant dans l'exemple du
vaiffeau & de la chûte de la pierre, on fuppofe que cette athmofphere a au moins au-

tant d'épaisseur que le mât a de hauteur.
Que M. Bannieres s'accorde donc avec lui-
même, s'il veut que nous admettions son
athmosphere & que nous en ayons des idées
justes.

Une seconde preuve qu'il employe aussi
infructueusement que celle du vaisseau, pour
établir l'athmosphere en question *, c'est
celle des Moucherons qui voltigent perpe-
tuellement à l'entour d'une personne qui se
promene à la campagne un peu après le cou-
cher du Soleil. On perd sa peine si on tente
de les écarter, ou de les dissiper ; ils suivent
par-tout . & on peut dire qu'ils sont comme
entraînés par une espece de tourbillon qui
environne le corps de celui qui se promene. Si l'on marche, ils suivent ; si on s'arrête, ils attendent ; si on retourne sur ses
pas, ils reculent. Enfin ils sont emportés
dans l'athmosphere de celui qui marche.

* Préface
Pag. 46.

Ce qu'on vient d'opposer à l'athmosphere du vaisseau se représente d'abord ici. Si
mon corps étoit environné d'une athmosphere, & d'une athmosphere lumineuse, il faudroit qu'elle fût épaisse de trois ou quatre
pieds, ou quelquefois davantage, pour que
les Moucherons se trouvassent dans son tourbillon, ce qui est opposé à ce qu'en dit M.
Bannieres, qui ne lui donne (pag. 64.) que
très-peu d'épaisseur. Ainsi si je suis environné d'une athmosphere, ce n'est pas d'une

athmofphére compofée de particules de lumiére. Joignez à cela que fi cette athmofphere de cinq ou fix pieds d épaiffeur m'envi-
ronnoit effectivement, j'étoufferois, je ne
pourrois refpirer ; puifqu'elle n'exifte à
l'entour des corps que par l'abfence de
l'air qu'elle en chaffe, & auquel elle eft im-
pénétrable, felon notre Auteur.

Pourquoi donc recourir à cette athmofphere pour expliquer le petit manége de
ces Moucherons ? L'agitation de l'air fuffit pour en rendre raifon. Si je marche je
preffe, je comprime l'air qui eft devant moi;
je ne fçaurois le comprimer que celui qui eft
derriere ne fuive; les Moucherons qui fe
trouvent enveloppés dans celui-ci, font
donc apportés avec lui.

Si je m'arrête, je ne fais pour lors aucune impreffion violente fur l'air qui m'environne ; cet air demeure tranquille, & les
Moucherons, ne recevant aucun mouvement étranger, n'en ont d'autre que celui
qu'ils tirent du fecours de leurs ailes. Si je
retourne fur mes pas, je pouffe l'air devant
moi, & par conféquent les Moucherons,
attendu leur grande légereté & le ir peu
de force, font obligés d'obéir à tous les mou-
vemens que l'air agité leur imprime. Jufqu'ici donc, l'athmofphere de M. Bannieres
eft très-foiblement établie, pour ne rien di-

re de plus. Cependant examinons encore quelques unes de ses preuves, & voyons s'il en tirera plus d'avantage.

Il dit qu'on ne çauroit contester que les corps électriques, tel que l'aiman, le jais, l'ambre, &c. ne foient revêtus d'une athmof-phere *. On en convient ; mais que peut-il conclure de-là, qui foit favorable à fon o-pinion? Rien du tout : car de ce que les corps électriques font accompagnés d'un tourbillon formé d'une certaine matiere, s'en fuit-il que tous les corps ont aufli des tourbillons, des athmofpheres, fur-tout com-pofés de particules de lumiére? Pour que la comparaifon de ces corps électriques ap-puyat fon fentiment, il faudroit que le tour-billon qui circule autour d'eux, fût formé par des particules de lumiére, & pour lors il pourroit raifonner de cette forte. Les corps électriques ont des athmofpheres com-pofées de parties de lumiere ; pourquoi donc les autres corps n'auroient-ils pas le même avantage ? mais il n'eft rien de tout cela ; le tourbillon de l'aiman, &c. eft formé par la matiere magnetique, qui fort de cet aiman qui y rentre, & qui forme autour de lui une circulation continuelle. Mais fi l'on don-ne de ces fortes d'athmofpheres aux corps électriques, il faut donc qu'ils en ayent deux? L'une pour operer leurs effets d'attraction,&

l'autre pour réfléchir la lumiére. Comment donc ajuster la premiere avec-celle-ci, qui ne sçauroit s'accorder avec l'air autour des corps ? Cependant notre Auteur continue & dit à la même page.

On peut appercevoir fensiblement cette athmofphere autour d'une aiguille d'acier, qu'on placera horizontalement fur la furface de l'eau, dont on aura rempli un verre; on verra que cette aiguille fe foutiendra fur la furface de l'eau, & cela contre toutes les loix de l'hidroftatique, du moins en apparence. Car fi vous confiderez les chofes de près, vous ferez convaincu que c'eft en conféquence des loix démontrées de l'hidroftatique, que cette aiguille fe tient au-deffus de la furface de l'eau; en effet quoiqu'elle foit par elle-même plus pefante qu'un pareil volume d'eau, elle eft refpectivement plus légere, dès lors que vous la confiderez comme ne faifant qu'un tout avec fon athmofphere.

Premierement, l'experience n'eft pas conftante, & ne réuffit point invariablement avec la même aiguille qui tantôt fe foutient effectivement fur la furface de l'eau, & tantôt coule à fond. Ce fait n'eft donc pas un effet de l'athmofphere qui environne l'aiguille; car fi cela étoit l'aiguille devroit toujours furnager, fon athmofphere, dans le fens de M. Bannieres, l'accompagnant toujours.

Suivant son opinion, c'est cette athmosphere qui réflechit la lumiere, elle est donc essentielle à l'aiguille, au moins pour que je la voye; elle lui est nécessaire aussi, pour qu'elle surnage, je la vois toujours; mais elle ne surnage pas toujours : donc son athmosphere la quitte quelquefois; & pour mieux dire, elle ne l'accompagne jamais.

Supposons néanmoins que cette expérience réussisse réguliérement, & que l'aiguille surnage toujours. Il ne sera pas plus vrai de dire, pour cela, que cette aiguille est environnée d'une athmosphere composée de particules de lumiere; mais bien d'un tourbillon de matiere magnétique : car l'acier tient incontestablement de la nature de l'aiman. Rien ne le prouve mieux que cette aiguille, qui, non seulement surnage, mais se dirige vers le Nord & le Midi, a peu près comme si elle étoit aimantée. On trouve donc dans la matiere magnétique qui circule autour de cette aiguille, de quoi expliquer tout ce qui lui arrive lorsqu'elle surnage, même la petite barquette qui semble la porter sur l'eau.* Je ne pense pourtant pas que ce soit ce tourbillon de matiere magnétique qui soit positivement la cause que l'eau semble fuir l'aiguille, & former une espéce de barque sous elle; car un brin d'ozier auquel, selon notre Auteur, la même chose arrive,

*Pag. 65. 66.

n'a point affurément un tourbillon de matiére
magnétique , ni aucune autre athmofphere;
puifqu'étant coupé en parallelepipede, c'eft-
à-dire, quarrément, ou même en prifme ,
il furnage fans qu'on apperçoive fous lui la
moindre apparence de barque. On peut donc
dire que lorfque ce brin d'ozier eft angulai-
re , il n'a point d'athmofphere : or s'il n'en
a point en cet état , il ne doit point auffi en
avoir étant rond. Voici ce que je penfe de
ces fortes de barques & de la maniere dont
elles fe forment.

Que l'on confidére premiérement que les
parties de l'eau font affez unies , affez liées
enfemble , pour n'être ni rompuës , ni divi-
fées par un corps mince & léger, qu'on y pofe doucement & fans chute ; qu'on ne lâ-
che au contraire ce corps , que lorfqu'il commence à toucher la furface de l'eau. Cela
fait , on peut regarder la furface de cette
eau comme un plan fléxible qui peut , par
conféquent , fe prêter & obéir au corps qui
eft fur lui. Maintenant fi l'on confidere que
ce corps eft rond, par exemple , que c'eft
une aiguille, & qu'ainfi elle n'a que quelques
points de fa furface inférieure,qui touchent&
preffent l'eau , il fera aifé de concevoir que
les parties de cette eau, qui font près de ces
points d'attouchement, font dans une forte
de tenfion qui les empêche de s'approcher

de l'aiguille , & de la toucher par ſes côtés.
Ce qui forme le creux, ou la barque qu'on
apperçoit ſous elle. Une comparaiſon va
éclaircir cela.

Qu'un brin de ſoye attaché par ſes bouts
ne ſoit ni trop tendu, ni trop flottant,& qu'on
mette en travers ſur cette ſoye un corps cylindrique, c'eſt-à-dire rond, qui ne ſoit pas
peſant juſqu'à la rompre, cependant qui le
ſoit aſſez pour la faire fléchir & la déran-
ger de la ligne droite, on pourra dans cet
état regarder la ſoye comme la ſurface de
l'eau, & le corps cylindrique paſſé deſſus
comme l'aiguille qui ſurnage ; or voyons ce
qui arrive à cette ſoye & à ce corps.

Dès le premier inſtant que le corps touche à la ſoye, il n'y touche que par un point,
& cette ſoye reſte dans ſa ſituation ; mais ſi-
tôt que ce corps eſt abandonné à lui-même
& commence à preſſer cette ſoye, elle ſe
dérange de la ligne droite, forme une eſpéce
de courbe , à laquelle le corps cylindrique
touche par quelques points ; les autres points,
qui ſont voiſins de ceux-ci, s'approchent effectivement du corps, mais jamais aſſez pour
que les parties de la ſoye , de part & d'autre , deviennent les tangentes du corps cylindrique; en ſorte qu'il reſte à chaque côté de
ce corps un petit eſpace. Dites-en autant de
l'eau & de l'aiguille qui y ſurnage, vous rendrez
raiſon

raiſon de la petite barque qui paroît la porter. Il eſt ſi vrai qu'aucune athmoſphere n'eſt
la cauſe de ce phénomene , que ſi ce corps
ſurnageant eſt parallelepipedique,il ne paroît
aucune barque ſous lui, au contraire l'eau le
touche exactement de toutes parts ; ce qui
prouve que lorſqu'il eſt de cette figure , il
n'eſt accompagné d'aucune athmoſphere.
Pourquoi donc en ſeroit-il enveloppé lorſqu'il eſt rond ?

En voilà aſſez ſur cette athmoſphere ; un
Philoſophe ſans prévention, un Cartéſien,
qui n'admet que des idées claires , & que la
vérité ſeule eſt capable de déterminer ,
ſçaura bien qu'en penſer.

Je ne ſçais ſi M. Bannieres n'a pas ſenti
l'inſuffiſance des preuves que l'on vient de
combattre ; mais il dit , pag. 52. de ſa Préface , Si Meſſieurs les Neutoniens admet-
tent ſans façon une certaine qualité, on ne
ſçait qu'elle, qu'ils appellent *attraction*, pro-
priété qui ne porte ſur aucun fondement ſolide , & cela pour expliquer la réfraction ;
ne nous ſera-t'il pas permis d'admettre un liquide réfringent , lequel remplit non-ſeule-
ment les corps tranſparens , mais qui forme
encore autour de ces corps une eſpéce d'enveloppe ? Si M. Bannieres vouloit ſe reſſou-
venir qu'il ne faut pas que le mauvais exemple entraîne , que celui des Neutoniens ne

B

doit pas être une regle pour lui , & que leur erreur n'eſt point un prétexte aſſez puiſſant pour en introduire une nouvelle , il ſe garderoit bien de demander qu'on lui accordât gratuitement l'exiſtence de ſon athmoſphere. Je crois cependant qu'on peut le faire ſans beaucoup hazarder , & ſans que cela tire à conſéquence ; puiſque nous feront voir , malgré la ſuppoſition gratuite de ce principe , que les effets qu'il prétend en dépendre ſont inexplicables par ſon moyen.

Nous avons déja fait voir que cette athmoſphere n'eſt pas la cauſe de la réflexion réguliere & conſtante de la lumiere qui donne obliquement ſur un corps , en ce que ce corps revêtu de cette athmoſphere, qui eſt un fluide très-délié, par conſéquent très-propre à s'ajuſter à toutes les parties des corps, ne rend pas ces corps moins ſillonnés, moins raboteux , ni plus capables d'une réflexion conſtante & réguliere. A moins qu'on ne veuille que cette athmoſphere , reſpectant les monticules des corps , ne rempliſſe que leurs inégalités & leurs ſillons , ce dont on ne s'aviſera pas, je penſe. Voyons cependant ſi cette athmoſphere expliquera mieux , qu'elle ne fait , la réflexion , la nature des corps colorés , & la diverſité des couleurs.

La réflexion, dit M. Bannieres, décompo-

fe les rayons de la lumiere, & c'eſt au moyen
de cette décompoſition que ſont excitées en
nous les diverſes ſenſations des couleurs,
de rouge, de vert, de violet, &c. Voici
comment il explique cela.

Tous les corps ſont revêtus, enveloppés d'une athmoſphere compoſée de particules de lumiere ; aux uns cette athmoſphere eſt formée par des parties de lumiere
rouges, aux autres violettes, bleuës, &c. En
ſorte que chaque corps a ſon vernis, ſon enveloppe propre à exciter en nous la ſenſation
d'une certaine couleur ; & voici comment.

Le trait incident de lumiere contient en
ſoi toutes les couleurs, & enſuite de la convenance & du rapport qui ſe trouvent entre
les parties de la lumiere homogene, il n'y a
que les rayons de la même eſpéce qui puiſſent agir mutuellement l'un ſur l'autre. Ainſi
un corps nous paroît rouge, excite en nous
la ſenſation de rouge, parce qu'il a une
athmoſphere de lumiere rouge, qui ne re-
flechit du rayon incident, que les rayons
rouges ; les autres par le défaut de rapport
& de convenance avec le vernis rouge, y
ſont abſorbés & anéantis, n'éprouvent aucune réflexion & n'excitent, par conſéquent,
en nous aucune ſenſation. Il appuye cette
opinion par la comparaiſon de deux violes,
dont les cordes montées à l'uniſſon, agiſſent

en frémiſſant mutuellement l'une ſur l'autre lorſqu'on les pince , & ne rendent au contraire ni ſon , ni mouvement dès qu'elles ne ſont point au même ton.

Cette explication eſt ingenieuſe , paroît même plauſible dès qu'on paſſe à M. Bannieres deux ſuppoſitions, que renferme ſon raiſonnement. Les voici.

La premiere , c'eſt ſon athmoſphere en général qui environne tous les corps. Malgré ce que nous en avons dit , nous nous ſommes engagés à la lui paſſer gratuitement , ainſi ne le conteſtons plus là-deſſus.

La ſeconde , c'eſt une athmoſphere particuliere & propre à chaque corps, compoſée de particules de lumiere rouge , violete , bleuë , &c.

Ou il faut recourir à l'Auteur de la nature, à qui il a plû d'approprier une telle athmoſphere à un corps plûtôt qu'à un autre ; ou il faut admettre bien du choix, bien du diſcernement dans ces corps, pour avoir trié & choiſi dans toute la maſſe de la lumiere les parties de celle qui lui eſt propre à réflechir le rouge, le verd, plûtôt que le violet, &c. Si l'on en eſt réduit-là , où eſt le méchaniſme de la nature ? On dira , ſans doute à cela, que ce méchaniſme eſt obſervé , & que les corps par la ſeule diſpoſition de leurs parties , par la configuration de leurs pores ſe

faisissent des parties de lumiere qui sont propres à s'y ajuster & rejettent les autres ; que
ces pores étant differens dans tous les corps,
& les parties de la lumiere aussi differem-
ment configurées, il n'y a que le rapport &
la convenance qui se trouvent entre les uns
& les autres qui forment les diverses ath-
mospheres dont les corps sont revêtus.

On répond à cela, que toutes les parties
de la lumiere sont de la même figure ; qu'un
faisceau de lumiere , qui contient toutes les
couleurs , passant tout entier & se décom-
posant à travers d'un prisme, c'est une preuve certaine que toutes ses parties ont la même configuration , puisque les pores de ce
prisme sont incontestablement uniformes, au
moins la plus grande partie. Si donc les parties de la lumiere sont toutes de la même figure , elles doivent être indifférentes pour
s'ajuster aux corps, quoique les pores de
ceux-ci soient differens. Pourquoi donc un
corps se revêt - il d'une athmosphere rouge
plus-tôt que bleuë ?

Quoique les parties de la lumiere , dira
notre Auteur , soient de la même figure ,
elles ne sont pas pour cela de la même gros-
seur; les unes sont plus ou moins déliées que
les autres , & cela ne doit pas les empêcher
de traverser le prisme : parce qu'où un hom-
me de six pieds passe, un autre de cinq y

paſſe de même. D'ailleurs les parties de la lumiere pourroient être ſpheriques, triangulaires, &c. & paſſer à travers du priſme, ſuppoſé, par exemple, que ſes pores fuſſent circulaires, ou de quelque autre figure ſemblable : ainſi il reſte aſſez de difference entre les parties de la lumiere, quant à leur volume & à leur figure, pour que les unes s'ajuſtent plûtôt à un corps qu'à un autre.

Je réplique à cela, que quoique les parties de la lumiere fuſſent differentes en volume & en figure, elles ne ſeroient pas moins propres à s'ajuſter toutes indifféremment à tous les corps ; car il n'y en a guéres de plus denſe, de plus dure, dont les parties ſoient plus unies, plus liées que le ſont celles du verre. En effet la lumiere donne atteinte à l'or, au fer, &c. en les fondant & les diſſolvant ; mais le verre y réſiſte : donc les pores de celui-ci ſont moins ouverts que ceux des autres corps (a). Cependant il reçoit & tranſmet un faiſceau tout entier de lumiere : donc à plus forte raiſon les autres corps, dont les pores ſont plus ouverts & plus larges, doivent auſſi tranſmettre ce même faiſceau, de

(a) M. Bannieres reconnoît l'extrême petiteſſe des pores du verre pag. 188. de ſon examen. D'ailleurs on ſe ſert de tuyaux & de récipiens de verre pour les Barometres & les Machines Pneumatiques, parce qu'ils offrent un paſſage moins libre à l'air que les autres corps.

telle figure que foient ces pores ; la matiere lumineufe étant affez déliée pour les traver-fer, ou au moins, puifque ces pores ne font pas droits, pour s'arrêter à leur entrée ou à la furface des corps. Or fi cela eft ainfi adieu l'athmofphere rouge, bleuë, violette, &c. les corps n'en auront point qui ne foient com-pofées de toutes les couleurs, & tous, par conféquent, ne reflechiront jamais que le blanc. Donc on peut affûrer que ces préten-duës athmofpheres, qui décompofent la lu-miere & excitent en nous les fenfations des couleurs, n'exiftent point.

Une autre preuve encore que les corps n'ont point d'athmofphere particuliere, & que rien ne les détermine à fe charger de cer-taines particules de lumiere préferablement à d'autres, qu'au contraire ils font tous envi-ronnés, pénétrés de la lumiere pure, entie-re, indécompofée ; c'eft que ces corps font diffous, fondus, vitrifiés par la lumiere; or cela n'arriveroit pas, fi la lumiere ne les pé-nétroit, & fi leurs pores n'étoient propres à la recevoir toute entiere : donc encore une fois ces fortes d'athmofpheres n'exiftent point.

Notre Auteur fe fait à peu près cette dernie-re objection, & femble y répondre, en difant.* * Préface page 81.
Une preuve bien fenfible que l'action de la lumiere pénétre jufqu'aux parties propres des

corps, c'eſt que la lumiere nous échauffe ,
c'eſt qu'elle liquifie les corps les plus dur,
qu'elle enflamme & brûle les corps com.
b uſtibles

Il ne ſuffit pas de dire que cela arrive, la
queſtion eſt de ſçavoir, s'il eſt poſſible dans
le ſyſtême que nous combattons. M. Bannieres dit qu'il n'y a que les rayons de lumiere homogene qui puiſſent agir l'un ſur
l'autre ; que les rayons bleus n'ayant aucun
rapport , & nulle convenance avec les
rayons rouges, ceux-ci ne ſçauroient recevoir, ni imprimer d'action à ceux-là, ainſi du
reſte. Mais un corps rouge, ſelon notre Auteur, un morceau de drap écarlatte eſt pénétré de particules de lumiere rouge, revêtu d'une athmoſphere de même eſpece; par
conſéquent, il n'y a du trait de lumiere incident que les rayons rouges qui puiſſent
pénétrer ce corps, y entrer & mettre en action les parties de lumiere rouge qu'il contient. Or l'action des rayons rouges & des
particules de lumiere rouge ne ſuffit pas
pour brûler ce morceau de drap au foyer d'un
verre-ardent : cependant il eſt d'experience
qu'il s'y conſume, & qu'il faut, pour que cela arrive, que toutes les parties de la lumiere ſoient raſſemblées & agiſſent en même-
tems ſur ce corps : donc il n'eſt pas ſeule-
ment pénétré de particules rouges ; mais de

toutes celles qui compofent la lumiere: donc ce morceau de drap d'écarlatte doit nous paroître blanc dans le fyftême de notre Auteur ; donc fes athmofpheres propres & particulieres à chaque corps n'exiftent point.

Voici encore une difficulté contre ces athmofpheres. Un corps ne nous paroît blanc que parce qu'il réflechit un faifceau de lumiere complet & indécompofé ; mais pourquoi ce corps nous réflechit-il ce faifceau fans le décompofer ? C'eft, répondra-t'on, parce qu'il eft environné d'une atmofphere, compofée de toutes les parties de la lumiere, & qu'il en eft pénétré de même. Cela étant, que l'on expofe ce corps devant un miroir de métal, par exemple, de cuivre bien poli & doré. Confiderons maintenant ce qui lui arrive.

On ne peut pas nier que ce corps blanc n'envoye un faifceau entier de lumiere fur ce miroir ; on ne peut pas nier encore que ce corps ne nous y paroiffe blanc : cependant dans le fyftême de notre Auteur, il devroit nous paroître jaune ; puifque du rayon incident, ce miroir ne peut réflechir que le jaune, fon athmofphere étant de cette efpece. Il faut donc conclure, ou que l'athmofphere jaune peut réflechir toutes les couleurs, ou que l'athmofphere de ce miroir eft un compofé, un affemblage de toutes les couleurs

Ce qui détruit entierement les opinions de M. Bannieres fur le fujet de la réflexion.

Une objection que M. Bannieres employe dans fon Examen contre la réflexion du vuide, m'en fait naître une contre lui-même. Il dit que puifque la lumiere fe réflechit du fein des pores, ces mêmes pores ne peuvent pas la tranfmettre; par conféquent, que fuivant cette opinion on ne verroit jamais aucun objet à travers les quarreaux d'une vitre. Je lui dis donc, à l'imitation de fon objection, que fi une perfonne habillée en écarlatte paffoit dans la rue, & que la vitre de ma chambre fût d'un verre rouge, je ne verrois jamais cette perfonne; car cette vitre rouge réflechiffant les rayons rouges, doit réflechir ceux qui lui font apportés par l'habit d'écarlatte : cependant il eft d'experience que je vois cet habit ; donc la vitre rouge, ou l'athmofphere qui l'enveloppe & la pénétre, réflechit & tranfmet à la fois les rayons rouges. N'eft-ce pas la même chofe que fi l'on difoit, le vuide réflechit & tranfmet la lumiere ? Donc la même contradiction qui accompagne le fentiment des Sectateurs de la réflexion du vuide exifte dans l'opinion de M. Bannieres.

Un diamant d'une belle eau, bien blanc, étant expofé aux rayons du Soleil, réflechit fur une feüille de papier autant de couleurs differentes qu'il a de facettes ; & telle face qui réflechiſſoit tout-à-l'heure le bleu ou le verd, réflechit un inſtant après le violet, le rouge, &c. pour peu qu'elle ſoit préſentée plus ou moins obliquement au rayon de lumiere incident. On ne dira point aſſurément que ces effets ſont des ſuites de l'athmoſphere dont le diamant eſt entourré & pénétré, à moins qu'on ne diſe que chacune de ſes faces ait ſon athmoſphere particuliere : dans ce cas ce diamant ne devroit pas nous paroître blanc, mais bigaré. D'ailleurs ſuppoſé que ſes faces ayent chacune leur athmoſphere propre, elles doivent toujours chacune réflechir les mêmes couleurs; à moins qu'on ne veuille que ces athmoſpheres changent d'eſpece à meſure que le diamant, changeant de ſituation, eſt préſenté aux rayons du Soleil ſous differentes obliquités. On feroit un volume d'objections ſemblables qui démontreroient toutes également que l'opinion de M. Bannieres ſur ſes athmoſpheres eſt une ſuppoſition chimerique.

Je finis en deux mots par une experience de M. Newton, que notre Auteur employe contre les Neutoniens * ; il convient que l'or réduit en lame mince tranſmet des rayons bleus, & qu'en même-tems il réflechit les jaunes : donc l'athmoſphere de l'or eſt differente des parties de lumiere dont il

* Pag. 83.

eſt pénétré ; ce qui eſt tout-à-fait oppoſé aux idées de M. Bannieres , qui prétend que les parties de lumiere qui ſont engagées dans les mixtes ſont de la même eſpece que celles qui forment les athmoſpheres de ces mixtes.

Enfin voilà ces athmoſpheres anéanties, ou du moins leur exiſtence extrêmement équivoque. Il ſeroit à ſouhaiter que ce que nous en avons dit fût moins ſolide ; je voudrois en mon particulier n'avoir pû les infirmer, nous n'aurions pas le chagrin de nous voir replongés dans le myſtére de la Phyſique; une cauſe générale, ingenieuſe nous l'auroit développé , au lieu qu'il ne nous reſte qu'un cahos d'opinions , dans lequel il n'y a que l'incertitude à choiſir.

Nous n'avons combattu que la cauſe de la réflexion ſans parler de la réfraction, parce que le ſujet de l'une anéantit , en tombant, néceſſairement la cauſe de l'autre.

F I N.

AVERTISSEMENT.

Dans le tems qu'on travailloit à l'impreffion de la brochure qu'on vient de voir, on me confia un petit Manufcrit fur l'Impulfion & fes effets; je le lus & y trouvai, à la verité, des idées très-vraifemblables, mais prefque jettées au hazard, fort obfcures, & telles, apparamment, qu'elles s'étoient prefentées d'abord à l'efprit de l'Auteur. Il s'agiffoit cependant de les faire imprimer à la fuite de ma petite Réfutation, & cela ne fe pouvoit pas qu'elles ne fuffent débrouillées & renduës nettement; c'eft ce que j'ai tâché de faire du confentement de l'Auteur, en y ajoûtant & en retranchant ce que j'ai cru néceffaire pour les rendre intelligibles, fans fortir cepen-

dant des bornes d'un Effai. Ainfi je
n'ai prefque d'autre part à l'Ecrit fuivant que la forme que je lui ai donnée.

ESSAI

SUR L'IMPULSION APPLIQUÉE aux Phénomenes de la Lumiere & à quelques autres attribués à l'Attraction.

DE tous les Philofophes qui ont écrit fur la Lumiere, aucun, je crois, n'a eu recours à l'Impulfion pour expliquer fa réfraction. Cependant il eft bien vrai-femblable que ces Phénomenes, & quantité d'autres en dépendent : aumoins en les expliquant par fon moyen, nous conſervons le méchaniſme, nous avons des idées des cauſes, les corps agiflent fur les corps; & ce n'eſt plus un pouvoir immatériel, que nous ne concevons nullement, qui agit néceſſairement fur la matiere. D'ailleurs les principes généraux de M. Deſcartes, que l'on a cherché d'anéantir, ne font point encore affez folidement combattus pour les abandonner. Il eft vrai que ce Philofophe ne s'en eft pas toûjours fervi avec la même juftefle, ou que quelquefois il n'a pas été affez heureux pour en découvrir toute l'étenduë & en faire l'application fur certains Phenomenes de la nature. Ceux de la réflexion & de la réfraction de la Lumiere font de ce genre ; il auroit pû, ce femble, en rendre raifon par fes principes : c'eft ce que l'on va eſſayer.

On entend, par le mot d'*Impulſion*, l'action d'une puiffance materielle qui pouffe ou détermine un corps vers un autre.

L'opinion commune eft que la fluidité des corps dépend du mouvement de leurs parties. Ainfi on doit confidérer les fluides comme un affemblage d'une multitude de parties très-déliées, ou d'atômes infécables, qui, étant défunis entr'eux, font dans un mouvement continuel. J'appelle ce mouvement qui fait la fluidité des corps, *mouvement inteſtin*, dont l'exiftence eft démontrée dans la diffolution des métaux & des fels par les fluides.

Dès qu'on admet ce mouvement, il faut néceffairement convenir qu'un corps environné d'un fluide éprouve, dans toutes les parties par lefquelles il en eft toujours

ché , autant de petits chocs que ce fluide a
de particules , ou d'atômes en mouvement:
Ces chocs font le principe de l'action des
fluides,& la baze de presque tous les Phénomenes de la Physique.

La force d'un corps en général est le
produit de sa masse & de sa vitesse. Ainsi
toute la force active d'un fluide dépend de
la quantité de son mouvement intestin , du
nombre & de la masse de ses particules
muës.

La matiere étherée , qui est répandue
par-tout, qui environne & penetre tous les
corps , a toutes les conditions nécessaires
pour faire un fluide très-puissant ; elle est
composée de particules extrêmement subtiles,nombreuses , solides & vivement agi-
tées. J'appelle ici du nom général de matiere étherée toutes les especes de matieres
plus subtiles que l'air.

Quoique cette matiere étherée soit extrêmement déliée & qu'elle pénetre tous les
corps avec une facilité incroyable ; cependant elle frappe les surfaces des corps qu'elle
environne , & elle souffre quantité de chocs
contre leurs parties solides. Elle éprouve
ces mêmes chocs dans l'intérieur de ces
corps, dont elle ne sçauroit pénétrer les
parties qu'elle ne les frotte & qu'elle ne les
heurte : car les pores des corps ne peuvent

C

être si droits qu'ils ne soient interrompus & entrecoupés par leurs parties constituantes.

On peut titer plusieurs conséquences importantes de ces chocs; mais nous nous restreignons à celles qui appartiennent à notre sujet, les voici.

1°. La matiere éthérée souffre des chocs dans la substance des corps : donc elle y perd un peu de sa vitesse & par conséquent un peu de sa force. Cette perte est proportionnée à la violence des chocs; or comme il y en a d'assez forts, d'assez souvent répetés pour faire perdre tout mouvement à quelques parties de la matiere éthérée, il s'en suit que ces parties perdent toute leur force, ou que leur action est anéantie.

2°. La couche du fluide étheré, qui touche la surface d'un corps, perdant, par le choc, une partie de sa vitesse, perd aussi une partie de sa force; & les autres couches, comme la seconde & la troisiéme, qui succedent à cette premiere, en s'en éloignant (jusqu'à une très-petite distance) souffrent aussi des diminutions de forces proportionnées à leur éloignement du corps qu'elles environnent : donc ces premieres couches fluides ont moins d'action & d'énergie à l'entour d'un corps que celles qui

en font plus éloignées ; & par conféquent
une matiere quelconque qui feroit placée
entre ces deux puiffances, c'eft-à-dire, entre les couches immédiates du fluide éthéré,& les couches plus extérieures,cederoit
aux chocs de celle-ci & feroit pouffée vers
le corps, aux environs duquel, l'action du
fluide étant moindre, il fe trouve moins de
réfiftance. Cette impulfion doit fe faire,
fuivant des lignes perpendiculaires aux
couches du fluide impulfif, & par conféquent perpendiculairement aux furfaces des
corps environnés de ce fluide. C'eft par
cette méchanique que nous allons expliquer les divers Phénomenes de la Lumiere. Commençons par fa réflexion,

L'objection prife de l'inégalité des furfaces, pour prouver que la Lumiere ne
fe réflechit point des parties folides des
corps, n'eft ni affez puiffante, ni affez vic-
torieufe pour anéantir cette opinion ; au
contraire, elle lui eft favorable, en ce que
faifant examiner les chofes de plus près ,
on apperçoit qu'il eft impoffible que la lumiere rejailliffe d'ailleurs que de deffus les
corps. On a donc conclu de ces inégalités,
que l'on ne verroit jamais un objet fi la lumiere fe réfléchiffoit de fes parties folides,
en quoi l'on a fuppofé que la réflexion de
tous les rayons dans le même fens , étoit

La lumiere eft réfléchie des parties folides des corps, & par conféquent par impulfion.

C ij

néceffaire à la vifion, tandis qu'il fuffit qu'il s'en réflechiffe affez pour former une image fur notre retine. Or mille & mille perfonnes placées autour de cet objet le voyent à la fois : il faut donc que fon image foit renvoyée vers mille & mille points différens, & par conféquent que la réflexion des rayons ait autant de directions différentes. Qu'eft - ce qui produiroit cette variété de réflexions ? fi ce n'étoit les inégalités des furfaces, qui, fe prefentant à la lumiere, fous differentes obliquités, la font par conféquent réflechir fous différens angles. Ces inégalités donc, loin de nuire à la réflexion, font néceffaires pour qu'un objet puiffe être vû de plufieurs endroits à la fois. Elles n'empêchent pas non plus que la réflexion fe faffe fous un angle égal à l'angle d'incidence ; car elles fe trouvent difpofées, par rapport à chacun des fpectateurs, de façon qu'elles produifent réellement ces angles, qui font néceffaires à la vifion.

S'il y avoit un miroir affez compacte & affez poli pour n'avoir aucune inégalité & pour réflechir, par conféquent, tous les rayons dans une même direction, il n'y auroit qu'une feule réfléxion, par laquelle l'image réflechie pourroit être vûë, ou plûtôt on ne verroit rien, parce que cette réflexion lumineufe feroit trop abondante

& par conféquent trop vive. Ce même in-
convénient arriveroit fi la lumiere étoit
réfléchie du vuide, ou de deffus l'athmofphere de M. Bannieres ; car ce vuide n'a
pas apparamment d'inégalités, & cette
athmofphere n'a été inventée que pour rendre les corps parfaitement unis.

Les corps compactes & polis different
donc des autres, non pas en ce qu'ils n'ont
point d'inégalités, mais en ce qu'ils en ont
moins ; ce font des monticules plus ferrées,
qui réfléchiffent la lumiere de toutes parts.
Mais leurs fommets étant très-près les uns
des autres, la portion de lumiere qu'ils réflechiffent eft très-vive ; parce qu'elle eft
confiderable & que la réflexion en eft fimple & réguliere.

Ainfi quand vous faites tomber le Soleil
fur un miroir, la clarté qui en réjaillit fous
un angle égal à l'angle d'incidence, ne
vient que des rayons réflechis par les fommets des inégalités, ou des monticules de
la glace ; aufquels, peut-être, fe joignent
quelques rayons réfléchis du fond des fillons. Tout le refte de la lumiere, ou des
images que cette glace répand à la ronde,
vient de rayons réfléchis, & peut-être réfléchis plus d'une fois dans ces fillons.

Ces deux fortes de réflexions s'obfervent
dans toutes les furfaces polies. Par exemple
C iij

38

dans un tableau à l'huile on appelle *faux-jour*, le point de la réflexion réguliere, par-ce que cette grande réflexion blesse la vûe & empêche de distinguer la réflexion indirecte par laquelle nous voyons distinctement les objets.

Joignez à cela que la quantité de lumiere réfléchie suit la dureté, ou la densité des corps; ce qui n'arriveroit pas si elle se réfléchissoit du vuide; puisqu'en ce cas les corps les plus poreux la réfléchiroient plus abondamment que les moins poreux, ce qui est contre l'experience. Donc la lumiere se réfléchit des parties solides des corps, & leurs inégalités, loin d'être un obstacle à cette réflexion, y sont nécessaires : donc si elles repoussent la lumiere, on peut conclure qu'elle est réfléchie par impulsion.

La refraction de la lumiere est une suite de l'impulsion de la matiere étherée.

Les corps, & sur-tout les transparens ne réfléchissent pas toute la lumiere qui les atteint, ils en transmettent une partie & c'est celle-la qui se brise, ou change de direction, en passant de l'air, par exemple, dans le verre, quand elle y entre obliquement; car un rayon perpendiculaire, comme on sçait, ne se réfracte point. Or cette réfraction est une suite de l'impulsion de la matiere étherée, voici comment.

Qu'on se rappelle que nous avons dit que le fluide éthéré, étant répandu par-tout &

pénétrant tous les corps, perd, par le choc,
dans leur subſtance, une partie de ſa force. Que l'on conſidere maintenant un rayon
de lumiere pénétrant & traverſant un cube de cryſtal; il ſe trouve entre deux puiſſan-
ces inégales, c'eſt-à-dire, entre le fluide
étheré répandu tout au tour de ce cryſtal,
& entre celui qui a perdu une partie de ſa
force dans la ſubſtance de ce verre : donc
il doit céder à l'effort du fluide extérieur &
vaincre, par conséquent, la réſiſtance du
fluide intérieur, donc l'action eſt affoiblie
par le choc.

C'eſt ainſi que la lumiere, au lieu d'être
attirée par les corps, y eſt pouſſée. Mais
comme ce fluide, qui environne les corps,
agit perpendiculairement aux ſurfaces de
ces corps, il s'en ſuit qu'un rayon oblique
de lumiere qui eſt obligé de céder à cette action perpendiculaire, change de direction & ſe briſe en s'approchant de la
perpendiculaire.

La courbe que décrit, avant que d'entrer dans le verre, ce rayon qui s'y réfracte, eſt une ſuite de la même impulſion.
Car les couches de matiere éthérée, qui
environnent le cryſtal, perdant par le choc,
ſucceſſivement & proportionnément à leur
éloignement de ce corps, un peu de leur
force, il s'en ſuit que la lumiere qui les pé-

La lumie-
re briſée
avant que
d'entrer
dans le
cryſtal, eſt
un effet de
l'impul-
ſion.

C iiij

petre , rencontrant , dans des inftans pref-
qu'indivifibles , des degrés de réfiftance
toujours diminués , doit, dans tous ces inftans, changer de direction & conféquem-
ment décrire la courbe dont il s'agit.

Le rayon qui vient d'être réfracté en
traverfant le cryftal , décrit en en fortant,
par la même raifon que tout-à-l'heure , la
même courbe qu'il a tracée en y entrant;
car les couches immédiates du fluide éthéré par-deffous le cryftal, font les mêmes que
par-deffus : elles doivent donc produire les
mêmes effets , & n'oppofer pas plus de réfiftance que celles du deffus au même rayon,
qui, fe prefentant obliquement aux couches
plus extérieures, en reçoit l'action perpendiculaire, y obéït & fe brife par conféquent
en s'éloignant de la perpendiculaire.

L'infle-
xion de la
lumiere eft
un effet de
l'impul-
fion.
Un autre Phénomene de la lumiere,
c'eft fon inflexion ; on la voit fenfible-
ment s'approcher & fe courber vers un
corps pointu & aminci qu'elle rafe & dont
elle eft proche ; parce qu'en ce cas fes
rayons font dans les couches immédiates du
fluide étheré, qui, cedant à la force de
couches plus éloignées, laiffent par con-
fequent la lumiere s'approcher du corps
qu'elle rafe ; & cela en telle maniere que le
rayon, qui s'approche le plus du corps , fe
courbe davantage, & que celui qui en eft

le plus éloigné fe courbe moins à propor-
tion de fon éloignement. Cela vient de ce
que les couches immédiates du fluide environnant ont differens degrés de force à me-
fure qu'elles font éloignées des corps , en
forte que la troifiéme ou quatriéme oppofe
plus de réfiftance , par exemple , que la premiere à la maffe totale du fluide impulfif.

L'accéleration de la lumiere eft encore une proprieté dépendante de la même
impulfion. Ainfi le mouvement d'un rayon
qui paffe de l'air dans un cryftal n'eft accé-
leré dans celui ci , que parce que la matiere éthérée y perdant de fa viteffe par le
choc,y perd auffi de fa force,& oppofe, par
conféquent dans ce cryftal , moins de réfiftance à la lumiere que dans l'air.

La lumiere envoyée fur un cryftal ,
non feulement s'en réflechit & s'y brife ,
comme nous venons de voir ; mais elle
perd encore une partie de fes rayons , qui
fe jouent & s'éteignent dans la fubftance de
ce corps , à l'entour duquel une autre petite partie s'élance & s'éparpille par accès
& par vibrations. C'eft Newton qui a obfer-
vé ce mouvement de vibration & ce jeu de
la lumiere balottée dans la fubftance d'un
cryftal,il ne l'a point expliqué, & les Newto-
niens les plus zelés défefperent de le faire
par l'attraction;je vais,en y fubftituant l'im-

L'accéle-
ration de la
lumiere dé-
pend de
l'impul-
fion.

Mouve-
ment de vi-
bration ap-
perçu dans
la lumiere,
& caufé par
l'impul-
fion.

pulſion, tâcher d'en rendre raiſon.

Ces Phénomenes ont deux cauſes, ſçavoir, la réflexion de la lumiere dans la ſubſtance ſolide du cryſtal, & la réflexion de deſſus le fluide, dont ce même cryſtal eſt environné.

On a beau ſuppoſer des pores nombreux & droits dans le verre, la réflexion que la lumiere éprouve à la rencontre de ſa ſurface, démontre qu'elle heurte contre ces parties, & que par conſéquent, en traverſant ce verre, elle ſouffre auſſi des réflexions dans ſa ſubſtance, occaſionnées par la diverſité des petites ſurfaces réflechiſſantes, dont les interſtices, ou les pores ſont interrompus & enttecoupés. C'en eſt aſſez pour éparpiller une partie de la lumiere dans le cryſtal, & ſes réflexions ſouvent répetées par les petites ſurfaces interieures, ſuffiſent pour rendre raiſon de celle qui s'y éteint & s'abſorbe, de même que de celle qui s'élance à la ronde & fait les fauſſes lueurs appellées penombres.

Cependant ces réflexions interieures ne font pas les ſeules cauſes du mouvement de vibration de la lumiere. Dès que l'on conçoit autour d'un cube de verre une impulſion capable de repouſſer la lumiere qui n'a pas une certaine force, une certaine direction, on comprend que parmi les rayons qui font entrés dans ce cube, il y en a une infinité, qui, ayant perdu une partie de leur force par le grand nombre de réflexions interieures qu'ils ont foufferres, & qui fe prefentant trop obliquement au fluide impulfif, en font vaincus, éparpillés & renvoyés de nouveau à quelque furface intérieure du cryftal qu'ils traverferont fi leur direction eftplus heureufe,ou moins oblique;mais dont ils feront encore repouffés fi cette furface leur bouche le paffage, ou fi le fluide impulfif s'y oppofe.

Ce fluide qui reçoit ainfi les chocs de la lumiere, & qui lui rend des impulfions réciproques, eft élaftique : donc les jets alternatifs de la lumiere, doivent fe faire par accès, par vibrations.

Newton a bien fenti toutes les conféquences de cette experience, & combien l'attraction fuffiroit peu pour l'expliquer. Il a été obligé de conjecturer *qu'il y a dans la Nature une matiere très-élaftique & très-rare, qui devient d'autant moins rare qu'elle eft plus éloignée des corps; & que la lumiere émane du Soleil par accès, par vibrations.* Il avoit préparé des experiences fur ce fujet, qu'il n'a pas eu le tems d'achever, & peut-être que s'il avoit pû les finir,il auroit eu la fatisfaction de voir fa conjecture s'accorder avec la vérité.

La réflexion de la surface ultérieure du cryftal eft caufée par l'impulsion.

L'attraction n'eft nullement la caufe que les rayons qui ont traverfé un prifme, fous une certaine obliquité, y rentrent à l'inftant même qu'ils font prêts d'en fortir; car ces rayons font pouffés bien loin au-delà du corps dans lequel le pouvoir attractif eft fuppofé, cependant ils devroient être arrêtés & abforbés; puifque le propre de tous les corps attirans eft de s'unir à ce qu'ils attirent, ou du moins de chercher cette union, fans plus fe féparer, à moins que quelque caufe nouvelle ne les y force. Donc la réflexion des rayons de la furface ulterieure d'un cryftal n'eft pas une fuite de l'attraction; mais elle l'eft bien de l'impulfion. En effet nous voyons qu'un rayon qui tombe fur un verre, ou fur la furface de l'eau, n'y entre que parce qu'il y eft pouffé par l'action du fluide impulfif, pourquoi celui qui a traverfé ce verre, & qui rencontre, à la furface ultérieure, le même pouvoir impulfif, n'en feroit-il pas repouffé & renvoyé? Mais fi l'on pompe l'air, la réflexion en devient plus forte; c'eft que cet air pompé, qui occupoit auparavant la place d'une certaine quantité de matiere éthérée, n'étant plus derriere le cryftal, cette matiere y devient plus abondante, fon mouvement augmente, ne fouffrant plus de chocs contre l'air, & par conféquent fon action impulfive devient plus

forte & renvoye davantage de lumiere.
Mais confiderons ces rayons qui traverfent
le prifme dans leur état naturel, c'eft-à-dire,
le prifme étant environné d'air.

Tout le monde fçait à préfent, que des
couleurs du prifme les rayons rouges font
ceux qui ont le plus de force & fe rompent
moins, les orangés enfuite, puis les jaunes
& qu'enfin les violets font ceux qui fe
rompent le plus, ou font les plus réfrangibles.

Ces couleurs ne fortent du prifme qu'autant que la face pofterieure de cet inftru-
ment, d'où ces couleurs s'échappent, n'eft
pas fort inclinée fur ces traits de lumiere;
car fi cette face leur eft fort oblique, ils fe
trouvent comme repompés par le prifme &
font réflechis à travers fa fubftance : parce
que, dans cette fituation du prifme, les
rayons qui fortent de fa furface ultérieure,
frapans trop obliquement la furface du fluide
qui environne les couches immédiates, ne
font pas affez forts pour vaincre fon impulfion perpendiculaire & pour s'échaper de la
circonference du prifme. Il en eft de ces
rayons obliques, par rapport au fluide impulfif, comme d'une pierre jettée fort
obliquement dans l'eau, elle y fait des ri-
cochets, & en réjaillit fans s'y enfoncer.
C'eft donc l'impulfion du fluide étheré qui

repouffe les rayons vers le cryftal & fait cette forte de réflexion, que je nomme *réflexion réfringente*, pour la diftinguer de la réflexion ordinaire.

Si vous inclinez donc lentement la face
du prifme fur les rayons qui en fortent libre-
ment, pour les faire abforber & réflechir les
uns après les autres ; vous verrez que le violet eft le premier réflechi & le rouge au contraire le dernier.

La raifon de ce Phénomene eft évidente.
Le rayon violet eft le plus voifin de la face
inclinée ; il eft le plus oblique, par conféquent, à l'action perpendiculaire du fluide
impulfif, & d'ailleurs il eft le plus réfrangible ; double raifon pour laquelle il doit être
le premier vaincu & réflechi par l'impulfion. Le rayon rouge au contraire eft le plus
éloigné de cette face inclinée, il eft le
moins oblique, le plus fort de tous, ou celui qui cede le moins à l'action du fluide :
donc il eft le dernier réflechi.

Newton a conclu de cette expérience,
pour la reflexion en general, *que les rayons
les plus réfrangibles font auffi les plus réflexibles.* Je ne fçais fi ce Philofophe ne fe feroit
pas trompé dans cette conclufion. Car tout
le monde fçait qu'une bale, par exemple,
pouffée fur une furface en rejaillit d'autant
plus fort qu'elle eft pouffée avec plus de for-

ce ; or, ſuivant Newton, le rayon rouge eſt dans le cas de cette bale , il eſt plus fortement pouſſé que les autres : donc il doit ſe réflechir avec plus de vigueur que ceux-ci , toutes choſes .d'ailleurs égales. Ainſi , par la même raiſon que le rayon rouge eſt le moins réfrangible , il doit être le plus réflexible ; car il n'eſt moins réfrangible que parce qu'il l'emporte plus que les autres ſur le pouvoir de l'attraction ; or une bale qui traverſe un eſpace pénetrable , réjaillit auſſi avec plus de force ; ſi elle rencontre après une ſurface impénetrable : le verre eſt l'eſpace pénétrable à la lumiere , & le vuide la ſurface impénetrable : donc les rayons les moins réfrangibles, renvoyés par ce vuide, doivent être les plus réflexibles ; ou s'il eſt permis d'employer les expreſſions familieres de Neuwton ; donc la réflexibilité des rayons eſt en raiſon inverſe de leur réfrangibilité.

Les matieres compoſées de particules en mouvement , produiſant des chocs plus violens contre le fluide éthéré contenu dans leur ſubſtance, il s'enſuit qu'elles produiſent auſſi des réfractions plus fortes ; & c'eſt pourquoi l'eau réfracte plus la lumiere que le cryſtal, quoi que celui-ci ait plus de maſſe , ſoit plus peſant que l'eau.

Raiſon pourquoi certains fluides moins peſans que d'autres, réfractent cependant davantage la lumiere.

Parmi les fluides, ceux qui ſont chargés

de beaucoup d'huile, de fouffre, de parties
volatiles, rompent encore les rayons davantage; parce que la matiere éthérée eft plus
liée, plus embarraffée par les parties de fou-
fre & d'huile, & d'ailleurs plus choquée
par les parties volatiles & ignées dont ces
matieres font pénétrées. Ainfi les efprits de
vin & de therébentine produifent des réfractions plus fortes que l'eau, quoique la den-
fité de l'eau foit plus confidérable que celle
de ces efprits.

Les effets de l'impulfion, font en raifon directe des maffes.

Ces diverfes réfractions femblent op-
pofées à la loi, géneralement reconnue
de l'attraction, ou de l'impulfion, qui eft
d'agir fur les corps en raifon directe de leur
maffe : cependant fi l'on fait attention que
cette regle ne peut avoir lieu qu'à l'égard
des corps dont la maffe eft compofée de particules de même nature ; il fera aifé de fe
convaincre que les effets de notre impulfion,
font proportionnés aux maffes des corps fur
lefquels elle agit.

Car puifque tous les corps font pénetrés
du fluide étheré, il n'y a point de particu-
le de leur fubftance que ce fluide ne touche ;
l'effet qui réfultera de ce contact fera donc
proportionné à la quantité de ces particules,
c'eft-à-dire à la maffe du corps.

Ainfi l'impulfion, ou le mouvement que
recevra un corps, par l'action de la matiere
éthérée;

éthérée, sera d'autant plus confiderable, qu'il
aura plus de fubftance ; telle eft l'action de
ce fluide qui produit la pefanteur des corps.

De même l'affoibliffement de l'action du
fluide intérieur, dans chaque corps, sera d'autant plus grand qu'il y éprouvera plus de
chocs; mais le nombre de ces chocs eft proportionné à la quantité de la fubftance des
corps : donc l'affoibliffement du fluide intérieur sera auffi proportionné à cette même
fubftance , ou à la maffe des corps ; mais la
fuperiorité des couches extérieures du fluide étheré eft d'autant plus grande, que le
fluide intérieur eft plus foible : donc l'impulfion qui agit fur les corps eft encore
proportionnée à leur maffe.

Ainfi donc en partant de l'impulfion
pour principe, comme on fait de l'attraction, on peut conclure de celle-là comme
de celle-ci, que les corps font attirés, ou
pouffés en raifon inverfe du quarré de leurs
diftances ; excepté au point de contact
où l'impulfion agit avec beaucoup plus de
force ; parce qu'à ce point de contact le
corps attiré fe trouve d'une part à l'abri du
grand corps & dans la couche du fluide af-
foibli ; dont il ne reçoit qu'une très-legere
impulfion; & de l'autre part il eft affailli de
toute l'impulfion des couches extérieures ,
dont l'effort n'eft que peu , ou point du
tout , contrebalancé ; ne fe trouvant nul

Les corps font pouffés en raifon inverfe du quarré de leurs diftances.

L'impulfion agit avec plus de force au point de contact.

C

fluide réfiftant entre les corps qui fe tou-
chent ; aulieu qu'à une grande diftance il
n'eft plus queftion ni de l'abri du corps , ni
du vuide de réfiftance (fi l'on peut s'expri-
mer ainfi) des couches immédiates du fluide
environnant, le corps pouffé eft environné
de toutes parts d'un fluide très-agité;il n'y a
que celui qui fe trouve entre les deux corps
dont l'agitation eft un peu moindre , & ce
moins de mouvement fuffit pour rompre l'é-
quilibre à l'avantage du fluide oppofé,

Par-là l'impulfion acquiert tous les avan-
tages de l'attraction de Newton, & fa ter-
rible objection évanouit, par laquelle il pré-
tendoit que l'impulfion ne peut agir que dans
la raifon des furfaces ; tandis que tous les
Phénoménes , pour lefquels il a imaginé
l'attraction,s'opérent dans la raifon des maffes. Au refte on n'a propofé ceci que comme
un fimple effai,que comme des opinions,qui
font néanmoins bien recevables par leur
fimplicité , & par la facilité avec laquelle
on en déduit une explication générale &
conftante des principaux Phénomenes de la
nature.

APPROBATION.

J'AY, lû par ordre de Monfeigneur le Chancelier, un *Examen de quelques opinions fur les caufes de la reflexion & de la réfraction de la lumiere répandues dans l'Ouvrage de M. Bannieres.* Fait à Paris ce 5. Aouft 1739.

MONTCARVILLE.

J'AY lû un Manufcrit qui a pour titre : *Effai fur l'impulfion appliquée aux phénomenes de la lumiere & à quelques autres attribués à l'attraction,* dont on peut permettre l'impreffion. Fait à Paris ce 5. Octobre 1739.

Signé MONTCARVILLE.

PRIVILEGE DU ROY.

LOUIS, par la grace de Dieu, Roi de France & de Navarre, A nos amez & feaux Confeillers les Gens tenans nos Cours de Parlement, Maîtres des Requêtes ordinaires de notre Hôtel, Grand-Confeil, Prévôt de Paris, Baillis, Sénéchaux, leurs Lieutenans-Civils & autres nos Jufticiers qu'il appartiendra, Salut. Notre bien amé le Sieur A * * * Nous ayant fait fupplier de lui accorder nos Lettres de Permiffion pour l'impreffion d'un ouvrage qui a pour titre : *Réfutation des Opinions que M. Bannieres a répandues dans fon Ouvrage contre la Philofophie de Newton, &c.* offrant pour cet effet de le faire imprimer en bon papier, & beaux caractéres, fuivant la feuille imprimée & attachée pour modéle fous le contre-fcel des Préfentes, Nous lui avons permis & permettons par ces Préfentes, de faire imprimer ledit Ouvrage ci-deffus fpecifié, conjointement ou féparément, & autant de fois que bon lui femblera, & de le vendre, faire vendre & débiter partout notre Royaume pendant le temps de trois années confécutives, à compter du jour de la date desdites Préfentes : faifons défenfes à tous Libraires & Imprimeurs, & autres perfonnes de quelque qualité & condition qu'elles foient, d'en introduire d'impreffion étrangere dans aucun lieu de notre obéïffance ; à la charge que ces Préfentes feront enregiftrées tout au long fur le Regiftre de la Communauté des Libraires & Imprimeurs de Paris, dans trois mois de la date d'icelles ; que l'impreffion de cet Ouvrage fera faite dans notre Royaume, & non ailleurs ; & que l'Impétrant fe conformera en tout aux Réglemens de la Librairie, & notamment à celui du dix Avril mil fept cens vingt-cinq ; & qu'avant que de l'expofer en vente, le Manufcrit ou Imprimé qui aura fervi de copie à l'impreffion dudit Ouvrage, fera remis dans le même état où l'Approbation aura été donnée, ès mains de notre très-cher & féal Chevalier le fieur d'Agueffeau, Chancelier de France, Commandeur de nos Ordres ; & qu'il en fera enfuite remis deux Exemplaires dans notre Bibliotheque publique, un dans celle de notre Château du Louvre, & un dans celle de notre très-cher & féal Chevalier le Sieur d'Aguefeau, Chancelier de France, Commandeur de nos Ordres, le tout à peine de nullité des Préfentes ; du contenu defquelles vous mandons & enjoignons de faire jouir l'Expofant ou fes ayans-caufe, pleinement & paifiblement, fans fouffrir qu'il leur foit fait aucun trouble ou empêchement ; voulons qu'à la copie defdites Préfentes, qui fera imprimée tout au long, au commencement ou à la fin dudit Livre, foi foit ajoutée comme à l'original. Commandons au premier notre Huiffier ou Sergent, de faire pour l'exécution d'icelles, tous actes requis & néceffaires, fans demander autre permiffion, & nonobftant clameur de haro, Chartre Normande & Lettres à ce contraires : CAR tel eft notre plaifir. Donné à Paris le quatriéme jour de Septembre, l'an de grace mil fept cent trente-neuf, & de notre regne le vingt-cinquiéme. Par le Roi en fon Confeil, SAINSON.

Regiſtré ſur le Regiſtre X$_e$. de la Chambre Royale des Libraires & Imprimeurs de Paris, N°. 284. fol. 270. conformément aux anciens Réglemens, confirmez par celui du 28. Février 1723. A Paris, le 2. Octobre 1739.

LANGLOIS, *Syndic.*

Pag. 23 *ligne* 1. *liſez* leurs pores. *Page* 31. *ligne* 8. *liſez* ſa réflexion & ſa réfraction. *Pag.* 32. *ligne derniere*, *liſez* touché. *Pag.* 39. *ligne* 12. *liſez* dont. *Pag.* 41. *ligne* 17. *après ces mots* dans l'air, *ajoûtez* Et la Lumiere dans ce milieu moins réſiſtant, recevant à chaque inſtant une nouvelle impreſſion du fluide exterieur, ſuit la loi des corps tombans; elle paſſe avec acceleration dans ce cryſtal, parce qu'elle y eſt portée par ſon propre mouvement & pouſſée par l'action du fluide impulſif toûjours redoublée. *Pag.* 44. *ligne* 7. devroient être *liſez* devroient y être.

www.ingramcontent.com/pod-product-compliance
Lightning Source LLC
LaVergne TN
LVHW050304090426
835511LV00039B/1414